MÉTHODE DEDÉ.

EXPOSÉ

DE LA

MÉTHODE D'ÉCRITURE,

BASÉE

SUR L'ANALYSE GÉOMÉTRIQUE DES CARACTÈRES ET SUR UNE THÉORIE,
RÉSULTANT DE CETTE ANALYSE, ÉTABLISSANT L'HARMONIE QUI
DOIT EXISTER ENTRE LA CONSTRUCTION DE L'ÉCRITURE ET
LES MOYENS D'EXÉCUTION SERVANT A LA REPRODUIRE,

RÉDUITE

A des démonstrations pratiques, au moyen desquelles on peu
apprendre seul à écrire tous les genres d'écriture, à l'aide
d'**UN RÉGULATEUR CONDUCTEUR DE LA MAIN**,
remplaçant le maître et la démonstration écrite.

PARIS,

CHEZ L'AUTEUR, CITÉ LAURENT DE JUSSIEU, 9 (GROS-CAILLOU),
Et chez les principaux Libraires de la France et de l'Étranger.

1845

AVANT-PROPOS.

Si l'on pénètre bien toute ma pensée, on verra que je n'ai pas eu l'intention de faire de ma *Méthode d'écriture* un ouvrage isolé; la persévérance avec laquelle j'insiste sur l'énoncé de ses principes généraux prouve que je me préoccupe en même temps des conséquences que l'on peut en tirer et de leur application aux éléments de la première éducation et de la première instruction. Ainsi, quoique l'art de l'écriture mérite par son utilité tout le soin que j'ai apporté à sa réhabilitation, ce n'est pas là le seul motif qui m'a fait redoubler d'efforts pour qu'il n'offrît à l'avenir aucune difficulté, soit pour l'ac-

quérir, soit pour le démontrer : j'ai été guidé encore par l'espoir que cet ouvrage préparerait un
accueil favorable à ceux qui vont le suivre, et
qui s'y rattachent si intimement, que l'un d'eux,
le *Manuel de lecture*, devrait même le précéder,
si je n'avais eu des raisons pour en agir autrement. Mes divers ouvrages ont une base commune
et concourent au même but : ce but, c'est que les
commençants trouvent à côté de chaque difficulté
un moyen simple de la vaincre ; telle est la
fin constante que je me propose. Cet *Exposé* est
donc le commencement de la réalisation d'une
œuvre complète que je médite depuis vingt ans et
à laquelle j'ai tout sacrifié.

Les principes sur lesquels je fonde le succès
de mon enseignement sont peu nombreux et
simples comme l'origine où je les ai puisés.
Destinés aux enfants du premier âge, aux jeunes
gens et aux hommes restés enfants sous le rapport de l'instruction, ils m'ont été révélés par
la mère de famille qui nourrit, élève ses enfants,
et se dévoue à leur éducation. C'est à elle
que j'ai demandé la marche de la nature ; les
notions qu'elle m'a données ont été pour moi
un pivot autour duquel j'ai groupé ce que la
science et l'art pouvaient me prêter d'assistance
pour harmonier l'éducation et l'instruction du
jeune âge, non-seulement avec la marche pro-

gressive de la nature, mais encore avec la volonté de Dieu qui, en nous douant d'intelligence, nous a accordé la faculté de convertir nos défauts en qualités, et nos vices en vertus. Dieu lui-même prépare la voie que nous devons suivre, car nous voyons la nature commencer l'éducation de l'homme, sans que nous puissions comprendre par quelle mystérieuse opération elle agit sur son entendement; nous sommes dans le vrai, si nous la secondons, dans le faux, si nous contrarions sa marche. Il faut donc que la nourriture intellectuelle soit appropriée à l'intelligence, comme la nourriture physique l'est aux organes.

La mère, le maître qui lui succède, et celui qui écrit pour diriger l'un et l'autre, doivent étudier cette progression en étudiant l'enfant et en le suivant pas à pas. Cette étude est plus facile qu'on ne le pense, car, si les enfants diffèrent les uns des autres dans les détails de caractère et d'intelligence, comme ils diffèrent de figure, l'ensemble se nivelle par une ressemblance générale, commune à l'espèce.

Cet examen, si profond qu'il soit, laisse au jugement la plénitude de son action, parce qu'il exclut l'imagination pour la remplacer par le sens moral qui trouve la vérité telle que Dieu la crée, avant que les hommes ne viennent la revêtir des oripeaux qui la déguisent si bien, que l'on ne parvient souvent à atteindre que son ombre.

Ces observations nettement formulées, au lieu de chercher pour chaque enfant un procédé convenable à ses dispositions particulières, j'ai cherché des principes communs à tous, et j'ai reconnu qu'ils étaient les seuls applicables tout d'abord aux commençants. Voilà le début trouvé; ne nous en écartons pas, et nous ne serons plus des ennemis pour les enfants, puisque nous verrons comme eux et qu'ils verront comme nous.

La mise en œuvre de ces principes généraux m'a présenté des garanties positives d'amélioration, mais avec des conditions qui ne laissent pas deux chemins à suivre, et qui imposent l'obligation de soumettre d'abord les facultés physiques des enfants, puis leurs facultés intellectuelles, à des exercices si féconds en succès, qu'ils contractent, dès le début, l'habitude de bien faire et de vouloir toujours bien faire. Que ce succès, toujours certain, soit obtenu promptement, sans efforts et par des moyens qui laissent croire à l'élève qu'il ne le doit qu'à lui seul; enfin que l'enfant reçoive toujours la récompense due au travail.

Mon *Exposé* prouvera, je l'espère, que je suis entré dans cette voie d'une manière large, complète. J'ai commencé par l'écriture, parce que je pouvais établir tous mes principes sur des démonstrations irréfutables, et que l'habitude, une des facultés que j'utilise le plus spécialement, exerce, quoique commune à l'écriture et à la lecture, une influence bien plus directe sur les organes que sur l'intelligence. Or, je pouvais, dans l'écriture, diriger et mesurer, pour ainsi dire, les résultats, le compas et la règle à la main, tandis que, dans la lecture, soumise au sens physique, par l'exercice de la mémoire, mais plus soumise encore au sens intellectuel qui seul donne la vie aux riches trésors confiés à sa sœur, on ne peut rien mesurer, quand même on voudrait se servir du compas brisé dans les mains du célèbre Jacotot. Mon intention, en débutant ainsi, est en outre de montrer de la manière la plus directe et la plus sûre la marche que j'ai adoptée et que j'observerai dans mes autres ouvrages sur les premiers éléments de l'éducation et de l'instruction.

Tout ce que j'ai entrepris de réforme, dans ma méthode d'écriture, peut se résumer en quelques mots : — Les leçons d'écriture que l'on donne ne sont pas basées sur le code d'habitude mécanique qui seul doit les régir ; voici ce code réduit à quelques démonstrations pratiques.

Qu'on ne suppose pas toutefois que j'aie conçu l'absurde projet de tout rapporter, dans l'enseignement, à ce code d'habitude mécanique ; je l'utiliserai toutes les fois qu'il pourra coopérer à l'action de l'intelligence ; quant à le poser en principe fondamental, je ne l'ai fait et ne devais le faire que dans la théorie de l'écriture, parce qu'il n'est entièrement applicable qu'à elle seule.

Exclusivement préoccupé de la démonstration de mes procédés, j'ai voulu laisser aux hommes éclairés qui dirigent l'instruction de la jeunesse le soin de les appliquer, sans qu'ils soient obligés de rien changer à l'ensemble de leur plan d'éducation ; j'ai donc redoublé d'efforts pour que ma méthode puisse pénétrer partout sans troubler l'ordre disciplinaire établi. Je le répète encore : quels que soient les ouvrages élémentaires que je publie, tous auront, comme celui-ci, pour point de départ, ce principe invariable : — VAINCRE LES DIFFICULTÉS PREMIÈRES.

PLAN DE L'EXPOSÉ.

Avant de livrer à l'impression l'*Exposé* qu'on va lire, je me suis entouré de critiques sévères qui m'estiment et m'aiment assez pour me dire leur opinion sans détour sur le mérite de mon ouvrage. De mon côté, cherchant la vérité et non des approbateurs complaisants, je voulus recevoir leurs conseils dégagés de toute influence puisée en dehors de leurs lumières. Je jugeai donc convenable de me taire sur la visite dont m'avait déjà honoré un de nos savants recteurs d'académie, qui était venu dans ma classe s'assurer si les résultats de ma méthode répondaient à ce qu'on lui en avait dit. La lecture que je lui avais faite de mon exposé, et son application, dont il ava it été témoin, m'avaient valu de sa part les témoignages de la plus vive approbation.

Je présentai mon manuscrit aux nouveaux juges que l'amitié me donnait. Je dois à la vérité de dire que chacun d'eux le feuilletait tour à tour, sans en rien lire, et comme s'il en eût compté les pages, avec l'air chagrin que l'on prend lorsqu'on est obligé de détruire l'illusion d'un ami. Ils paraissaient cependant résignés à écouter ma lecture.

Avouez, leur dis-je, qu'à la vue de mon manuscrit vous avez tous éprouvé la même impression? Vous pensez que je me suis laissé dominer par mon sujet et que je lui ai donné plus d'étendue qu'il n'en comportait?—Tous, d'un commun accord, m'adressèrent un signe affirmatif nullement équivoque.

En vous réunissant, continuai-je, j'ai voulu prendre conseil de vos lumières pour rendre mon œuvre aussi profitable que possible; veuillez donc me prêter toute votre attention; je lirai lentement et, pour me servir d'une expression familière du célèbre Jacotot, *je lirai avec une épingle*, de manière à vous laisser le temps de prendre note de tout ce que vous croirez inutile ou susceptible de modifications.

La lecture complète de mon *Exposé* justifiera, je l'espère, l'étendue qu'il a et qu'il était indispensable de lui donner; néanmoins pour ceux qui, comme vous, en concevraient par anticipation une idée fâcheuse, qu'il me soit permis de présenter quelques explications en faveur des motifs qui m'ont guidé dans mon travail.

En prenant l'art de l'écriture à son point de départ, j'ai vainement cherché, dans tout ce qu'on avait écrit sur cet art, des lumières capables de me diriger. Tout se bornait à l'énoncé de quelques principes isolés, se contredisant presque toujours entre eux: de là, pour moi, l'indispensable nécessité de tout créer. Un maître d'écriture eût cherché une méthode dans les traditions de ses devanciers; il eût été influencé par la conscience de son propre mérite, par ses préjugés et par la routine dont si peu d'hommes peuvent s'affranchir. Privé de tout secours étranger, écartant avec soin tout ce qui pouvait me faire illusion, je me suis replié sur moi-même, j'ai demandé mon art à la science, et la science m'a donné mon art.

Une fois entré dans le champ du positif je ne l'ai plus abandonné. Je n'ai rien critiqué qu'une rigoureuse démonstration mathématique ne vienne justifier ma critique, je n'ai admis aucun principe qui ne puisse être soumis à la même démonstration.

Qui admet un principe doit en admettre les conséquences, et pour moi la nécessité de tout voir entraînait la nécessité de tout démontrer. Je ne tardai pas à m'apercevoir que le sujet que j'avais à traiter était fécond en découvertes utiles ; ces découvertes, je les ai suivies dans chacun des nouveaux sentiers qu'elles ouvraient devant moi, m'arrêtant à chaque obstacle le temps nécessaire pour le faire disparaître. Il est vrai qu'étonné moi-même des résultats que tout d'abord je n'avais fait qu'entrevoir, j'ai cru profitable à une classe de mes lecteurs de les initier à mes expériences pour leur montrer quelle marche l'esprit humain suit dans ses conceptions.

Mais si ces découvertes, mais si ces démonstrations exigeaient un exposé de détails et une série d'explications indispensables pour en constater la justesse, ces détails et ces explications ne pouvaient faire partie de la méthode proprement dite, mise entre les mains de la mère de famille ou de l'élève, et dans laquelle chaque principe doit être réduit à une pure démonstration pratique.

L'analyse de tous mes principes était le seul moyen de répandre dans l'esprit de mes lecteurs la profonde conviction qui a présidé à mes travaux ; ne fallait-il pas, pour créer des défenseurs à ma méthode, en décrire, je le répète, les découvertes et les procédés, de telle sorte que je fusse représenté partout par ces hommes de mérite qui se dévouent à la cause du progrès et qui, malgré leur zèle et leur bon vouloir, n'auraient peut-être fait qu'entrevoir la vérité, si je n'avais sacrifié mon amour-propre au triomphe de ma bonne foi et de ma logique ?

On ne me saura pas mauvais gré d'avoir quelquefois négligé la forme pour la précision et pour la lucidité ; j'ai pensé que la première condition d'un ouvrage essentiellement élémentaire devait être une clarté étrangère, pour ainsi dire, aux recherches de l'art oratoire.

J'ai longtemps hésité si je devais, dans l'énonciation de mes principes, employer les expressions techniques, ou les remplacer par des expressions plus familières et à la portée de tout le monde ; mais j'ai compris qu'une démonstration qui se rattache aux sciences positives ne saurait, pour être claire, admettre l'à peu près de l'expression. C'est là encore la raison qui m'a fait répéter les mêmes mots et les mêmes idées autant de fois que je l'ai jugé nécessaire à la clarté de ma démonstration.

Je suis certain que cet *Exposé* sera lu avec intérêt par les hommes d'intelligence qui croient, avec raison, que *le succès, dès le début, dans l'éducation de la jeunesse*, est d'une haute portée pour le progrès intellectuel et pour l'avenir de la société. Aussi je ne fais point appel à l'engouement, mais à l'impartialité, à la brillante imagination, mais au bon jugement. Tout mon désir est de fixer l'attention des hommes sérieux et positifs qui ne se passionnent que pour le bon, le vrai et l'utile.

Que la mère de famille ne s'effraie point du caractère abstrait de mes théories ; ce caractère disparaît dans l'application de mes principes, car ils se rattachent si étroitement à la pratique, que cette mère de famille sera toujours le meilleur de tous les professeurs.

Certes, la lecture de mon ouvrage n'a rien d'amusant ; il est vrai qu'il n'a pas été écrit dans le but de distraire ; mais qu'est-ce que l'ennui d'une heure de lecture sérieuse, comparativement à l'ennui de ces pauvres enfants qui passent de longues années à griffonner, sans résultats satisfaisants pour le présent, sans espoir de succès pour l'avenir ?...

J'ai commencé à payer mon tribut à l'amélioration de l'enseignement, en élevant l'art de l'écriture au niveau des arts redevables à notre époque d'un essor si intelligent. Aurai-je mérité une petite place dans l'estime publique?

EXPOSÉ.

J'ai demandé mon art à la science,
et la science m'a donné mon art.

I.

Les difficultés insurmontables que tout le monde éprouve et que j'avais éprouvées moi-même pour apprendre à écrire, m'avaient donné cette conviction qu'une méthode basée sur des principes positifs, gages de résultats toujours certains, rendrait un service réel à l'instruction.

En compulsant tout ce qu'on a écrit sur l'art de l'écriture, afin de réunir tous les principes qui devaient concourir à la réalisation de mon œuvre, je reconnus que ces principes, isolés les uns des autres et se contredisant presque toujours entre eux, ne pouvaient pas fournir les bases d'un système rationnel. Je m'étonnai alors que cet art n'eût jamais été l'objet d'une étude aussi sérieuse que le méritaient son importance et son utilité.

Les difficultés dont je viens de parler m'expliquèrent le dégoût que l'on éprouve à apprendre à écrire ; mais je ne m'expliquai pas aussi facilement la déconsidération dont on n'a pas craint de frapper un art qui est, avec la lecture, la clef de tous les autres ; il s'ensuit que l'art d'écrire n'a fait que tomber en décadence, tandis que les arts d'agrément n'ont cessé de se perfectionner. Ne pourrait-on pas attribuer ce déplorable abandon de la belle écriture, non-seulement aux difficultés qu'elle présentait à acquérir, difficultés que l'on trouvait plus commode d'abandonner que de résoudre, mais aussi à la vanité des prétendus érudits, qui se proclament trop grands par la pensée pour s'asservir aux mesquines exigences d'un art manuel, et à la ruse innocente employée par certaines gens pour commettre impunément des fautes d'orthographe ?

Mon plan général comprend la réhabilitation de cet art, et il est d'accord avec les idées plus saines de notre époque, car on s'est aperçu qu'à la sortie des colléges les jeunes gens destinés aux affaires mettent de côté le grec et le latin qu'ils savent pour l'écriture, qui doit être leur occupation spéciale, et qu'ils ne savent pas. Il faut dire encore que, dans l'étude des langues, une écriture bien formée est une grande

présomption de succès : en effet, si le professeur
voulait lire avec soin les devoirs qui sont illisibles,
tout son temps n'y suffirait pas ; il se contente donc
de corriger ceux qu'il lit avec facilité, aussi les devoirs
de beaucoup d'élèves ne sont-ils jamais examinés.

Que les pères de famille se persuadent bien de la
vérité de ce que j'avance sur la manière dont on
compulse les devoirs écrits de leurs enfants ; ils com-
prendront alors de quelle haute importance est cette
écriture si étrangement dédaignée.

C'est surtout pour les progrès en orthographe que
l'art de bien écrire contribue puissamment au succès ;
c'est souvent dans l'ensemble d'un mot bien écrit
que l'œil s'habitue à juger s'il y manque des lettres
ou s'il y en a de trop.

Bien écrire est, pour l'homme qui se destine aux
affaires, une condition première, essentielle, car,
sans une belle écriture, il est impossible d'être admis dans les administrations publiques ou particulières ; dans la carrière militaire, c'est une condition
indispensable de l'avancement ; dans le commerce,
ce talent est en première ligne parce qu'il est l'un
des plus utiles.

Point de clarté dans les actes judiciaires sans une
bonne écriture ; le charme même de la correspondance disparaît en partie par le vice d'une écriture
illisible ; enfin, je ne crains pas d'avancer que bien
des gens négligent leurs affections et compromettent
leurs affaires d'intérêt parce qu'ils éprouvent une
espèce de honte à produire leur griffonnage.

Qui n'a pas éprouvé une agréable impression à la vue d'une écriture libre et hardie, réunissant l'élégance à la netteté, la grâce au naturel? Il semble que la personne qui a tracé avec tant de goût et de soin les caractères destinés à nous transmettre sa pensée avait le désir de nous plaire, et on doit lui en savoir gré. Si l'on soigne sa mise pour se présenter devant quelqu'un, n'est-ce pas dans l'intention de produire une impression favorable? Faut-il se montrer moins empressé de faire naître cette impression lorsqu'on est remplacé par une lettre?

Pourquoi ne ferait-on pas de cet art si utile un art d'agrément? Si l'écriture est sèche, aride, désagréable à l'œil quand elle est mal exécutée, elle devient riche et gracieuse sous la main qui sait avec goût en nuancer l'ensemble et l'animer.

Pourrait-on regretter un peu de travail pour perfectionner cette écriture, ingénieuse image de la pensée, fidèle écho de l'âme, aimable interprète des sentiments les plus secrets et les plus délicats du cœur, seconde voix dont les accents se font entendre à l'intelligence sans le secours des sons? Cet art si précieux ne doit-il pas occuper le premier rang parmi les éléments indispensables de toute bonne éducation? Tout le monde sent instinctivement qu'il doit occuper celui que je lui assigne; on le reconnaît à la contrariété que l'on éprouve lorsque voulant peindre une pensée avec le désir d'instruire, de toucher ou de plaire, on vient à songer que, quelle que soit l'élégance du style, on sera lu avec une espèce de bégaiement inévitable toutes les fois qu'on lit une mauvaise écriture, ce qui rend ridicule le lecteur et fatigue celui qui l'écoute. Il est impossible qu'un ouvrage lu difficilement produise l'effet qu'en attendait son auteur ; car, pour que chaque mot, chaque phrase reçoive l'inflexion grammaticale ou oratoire qui lui est propre, il faut que les yeux perçoivent les caractères avant que la bouche ne fasse entendre les sons. Disons encore qu'une prompte et facile exécution de l'écriture rapproche l'émission partielle des idées, et peut concourir ainsi à l'émission complète de la pensée, d'autant plus claire et plus précise qu'elle est formulée d'un seul jet.

L'écriture est donc de première nécessité, quel que soit l'état auquel on se destine, si humble ou si brillante que puisse être la position sociale que l'on occupe.

On voit que je cherche à convaincre de la nécessité de se perfectionner dans l'art d'écrire. Si je suis assez heureux pour répandre cette conviction dans tous les esprits ; si par les démonstrations de ma méthode je donne les moyens sûrs et prompts de parvenir à ce perfectionnement, ma tâche devrait être remplie. Pourquoi faut-il que, par une contradiction inexplicable, je sois encore loin de mon but ! C'est que, par malheur, l'esprit humain adopte difficilement tout ce qui se présente avec la simplicité primitive de la vérité, et qu'il ne suffit pas d'avoir créé une chose utile pour qu'elle soit tout aussitôt répandue et appréciée. Combien d'obstacles de tout genre s'élèvent entre ceux qui ont besoin d'être instruits et l'adoption des procédés les plus propres à leur procurer cette instruction. D'un côté, ce sont l'ignorance, la mauvaise foi, l'apathie et surtout la routine, cette pierre d'achoppement contre laquelle viennent se briser si souvent les conceptions les plus utiles; d'un autre côté, les pères de famille ou leurs enfants n'ont pas toujours la liberté ou les capacités propres à les diriger dans le choix des méthodes; ils consultent souvent des professeurs, et ces messieurs ont presque tous créé pour leur usage des moyens qu'un faux amour-propre leur fait considérer comme supérieurs à tout ce qui a été et à tout ce qui peut être inventé; or, en admettant qu'ils soient de bonne foi dans leurs conseils, ils sont souvent moins que d'autres à l'abri de l'erreur.

Beaucoup jugent inutile d'abréger les premières études des enfants; ils pensent qu'ils auront toujours assez de temps devant eux; c'est une erreur grave, qui a bien souvent des conséquences funestes; car, sans parler de cette foule de connaissances indispensables à quiconque veut se mettre à la hauteur du progrès, il est une autre considération dont les maîtres et les parents n'envisagent pas assez la portée : c'est qu'un prompt succès dans les premiers travaux de l'enfance la préserve du dégoût et de l'apathie qu'engendrent les difficultés premières, et que, si on laisse contracter à l'élève l'habitude de mal faire, on doit craindre que cette habitude ne se communique à tout ce qu'il fera plus tard. N'est-ce pas à cette cause qu'il faut rapporter la répulsion de plus en plus prononcée que beaucoup d'enfants manifestent pour tout ce qu'on veut leur faire apprendre ?

C'est surtout dans l'étude du dessin que l'on peut remarquer les malheureux effets de cette répulsion ; car, si les succès pratiques de cet art ne répondent pas aux besoins de notre époque, malgré la protection spéciale que lui accordent les chefs de l'enseignement national, j'affirme avec M. Alexandre Dupuis que ce mauvais résultat tient aux difficultés que présente l'étude de ses éléments. Il en est de même de la lecture : après de grands efforts, l'élève croyait savoir lire, et bientôt il s'aperçoit, en écoutant la conversation des personnes qui s'expriment bien, que le langage parlé a des lois auxquelles ses principes de lecture ne l'ont point initié; qu'il est des signes d'orthographe, d'étymologie et de dérivation qui ne doivent pas se faire sentir en parlant, que rien ne lui a appris à distinguer; enfin que la liaison des mots entre eux et leur valeur prosodique ont des règles qui leur sont propres, et dont rien encore ne lui a révélé l'existence.

C'est donc presque toujours au vice des premiers éléments de l'instruction qu'il faut attribuer le dégoût que la jeunesse éprouve si souvent pour toute espèce d'étude; beaucoup d'élèves essaient infructueusement de tout, et l'on finit par croire qu'ils ne sont propres à rien. Tant qu'ils sont sous l'influence de ce dégoût, on les voit végéter dans une impuissance qui n'a d'autre source que *l'insuccès de leurs premiers travaux;* mais, qu'un hasard heureux, ou qu'un homme éclairé vienne stimuler leur jeune intelligence, en leur révélant le sentiment de leur propre force, et aussitôt *qu'ils auront appris quelque chose facilement,* vous verrez le goût de l'étude se développer en eux, leur imagination travailler, leur intelligence grandir, et l'on sera peut-être obligé de modérer leur zèle.

Que l'on ne passe pas légèrement sur ce que je viens d'avancer; le vice que je signale domine plus qu'on ne le pense l'avenir des enfants en particulier et de l'homme en général. Je répéterai donc sans cesse qu'il faut attacher la plus grande importance à ce que l'élève *lui-même* s'aperçoive promptement *des progrès qu'il fait dans ses premières études,* ce qui ne peut s'obtenir qu'en écartant les obstacles qui entravent sa marche. Agir différemment, ce n'est pas connaître l'effet de l'habitude sur les enfants, et c'est précisément la connaissance de cet effet qui m'a conduit à la découverte des moyens aussi prompts que sûrs de vaincre les premières difficultés.

Mais il me fallait pour cela continuer à étudier l'enfant et agir comme la nature agit dans la première éducation qu'elle lui donne. Elle commence par quelques faits pratiques appropriés à ses goûts et à ses besoins; c'est aussi par des faits purement pratiques que je débute, tout en prenant soin de les mettre tellement en harmonie avec mes principes, qu'on puisse presque aussitôt se rendre compte des uns au moyen des autres.

Si l'on a bien compris quel haut intérêt j'attache *aux premiers succès des élèves*, on comprendra également pourquoi je conseille de les faire commencer par l'écriture : c'est que les enfants en général sont doués d'une puissance extraordinaire d'imitation, et, comme j'ai trouvé des moyens assurés de diriger cette puissance, j'en profite pour atteindre de suite mon but, celui de leur donner le goût du travail pour les préparer à de nouvelles conquêtes. Tout le monde a pu remarquer combien les enfants préfèrent les exercices de la plume à ceux de la lecture; j'utilise ce goût et, comme bientôt leurs premiers essais vont leur attirer des éloges et des récompenses, il est impossible que le désir de connaître l'emploi des caractères qu'ils tracent si bien n'en soit pas la conséquence naturelle.

On voit, dans ma manière d'opérer, l'exercice des facultés physiques concourir, avec l'exercice des facultés intellectuelles, à amener cet heureux résultat; or, c'est ainsi que procède encore la nature. En suivant toujours cette marche, en n'enseignant rien d'une manière superficielle, *en ne laissant jamais contracter une mauvaise habitude*, on sera dans le vrai et on répandra une instruction bonne et solide.

La découverte de ma méthode n'est pas due au désir de faire du neuf, mais à la nécessité de trouver des moyens plus rationnels et de suppléer à l'insuffisance de ceux en usage. Je ne viens pas, en consé-

quence, exposer des théories souvent inapplicables
et presque toujours la source d'interminables discus-
sions. Tout ce qui n'est pas vérité mathématique
peut être contesté ; mais, si l'on veut discuter avec
moi, il faudra contester d'abord des démonstrations
géométriques et des faits pratiques résultant de
ces démonstrations.

II.

DIFFICULTÉS QUI EMPÊCHAIENT D'APPRENDRE FACILEMENT A BIEN
ÉCRIRE. — ANALYSE DE L'ÉCRITURE ET DES MOYENS D'EXÉCU-
TION EMPLOYÉS JUSQU'A CE JOUR.

J'ai parlé à différentes reprises des difficultés
qu'on éprouvait à apprendre l'écriture par les méthodes en usage, ou plutôt parce qu'il n'y avait pas
de méthodes, mais seulement des modèles impar-
faits, tous calqués les uns sur les autres. D'où ces
difficultés provenaient-elles ? prenaient-elles leur
source dans la construction des caractères, ou dans
les moyens d'exécution mal déterminés et sans accord avec cette construction ? L'analyse géométrique
pouvait seule éclairer la première de ces deux questions. J'ai en effet acquis par cette analyse la certitude
que le principal obstacle provenait de la construction
des caractères, puisqu'il était impossible d'harmonier
des mouvements mécaniques, je dirais presque auto-
matiques, avec des constructions irrégulières.

Je vais examiner maintenant en quoi consistent

ces-irrégularités. Prenons pour base le meilleur des modèles existants et tâchons d'établir un mouvement régulier et continu d'exécution, propre à l'imitation de ce modèle. Un obstacle sérieux se présente dans la première lettre de l'alphabet. Sans insister sur ce qu'a de désagréable à l'œil ce plein qui, dans le bas de la première partie, finit tout à coup, tandis que le haut ne se termine que progressivement, considérons la construction de l'*a* non-seulement comme caractère isolé, mais encore comme caractère radical, puisque cette lettre fournit, avec quelques modifications, les éléments à l'aide desquels on représente toutes les lettres de notre alphabet. Son degré d'inclinaison (sa pente) sur la ligne de l'écriture est déterminé par l'axe passant au centre de l'ellipse et la divisant dans sa longueur en deux parties égales. Si la ligne que l'on appelle jambage était parallèle à l'axe de l'ellipse, la plume pourrait exécuter cette seconde partie sans changer sa position ; mais, cette seconde partie étant moins inclinée que la première, il en résulte nécessairement une variation dans la tenue de la plume. Si ce caractère était régulier et si son exécution pouvait être instantanée, on pourrait l'inscrire dans un parallélogramme ; or, il ne peut être inscrit que dans un trapèze.

De l'analyse de l'écriture, telle qu'on l'a enseignée jusqu'à ce jour, il reste démontré :

1° Que tous les caractères formés d'une ellipse seule, comme l'*o*, le *c*, l'*e*, peuvent s'inscrire dans un parallélogramme.

2° Que ceux formés d'une ellipse et d'une ligne droite, comme l'*a*, le *d*, ne peuvent s'inscrire que dans un trapèze.

3° Que ceux formés de deux lignes droites, comme l'*u*, l'*n*, etc., s'inscrivent dans un parallélogramme différent du premier.

Ces constructions, irrégulières entre elles, ne peuvent faire un corps d'écriture régulier et d'une imitation facile (1). Je démontrerai bientôt, à l'appui de cette remarque, que chaque changement dans la forme en exige un autre dans l'action des agents qui concourent à l'exécution; autrement l'écriture ne serait qu'un informe griffonnage.

Je vais signaler un autre vice qu'il est également facile de reconnaître : les caractères en gros diffèrent, pour la forme et la pente, des caractères moyens, et ceux-ci des plus fins. Plusieurs maîtres ne se contentent pas de propager ces absurdes variations par leurs modèles, ils les signalent à leurs élèves en leur recommandant de s'y conformer, comme à un principe utile.

Dans cette analyse de l'écriture, je crois inutile de parler de celle dont on a voulu rendre l'exécution plus rapide, en substituant des formes anguleuses aux formes arrondies. Je ne dois pas m'occuper d'un système qui n'est admis ni dans le commerce, ni dans les administrations, et que les maisons d'éducation d'un ordre élevé ont exclu de leur ensei-

---

(1) « Tout mouvement continu doit être basé sur le parallélisme. »
CHARLES DUPIN (*Géométrie.*)

gnement. J'ai voulu seulement parler de ces écritures qui n'ont point de vice apparent, mais d'après lesquelles il serait impossible d'établir un mode d'exécution basé sur la forme des caractères; ainsi l'effort infructueux que j'avais fait pour leur trouver cette règle positive d'exécution est venu m'expliquer l'impossibilité qu'il y avait d'obtenir en peu de temps un certain degré de perfection, et me démontrer la nécessité d'une réforme appliquée tout d'abord à la construction des lettres.

Faut-il parler de ces maîtres qui s'engagent publiquement à produire des effets si merveilleux, dans quelques leçons d'une heure, que leurs élèves sauront tous parfaitement écrire sans avoir appris? Le bon sens public fait, chaque jour, justice de ce charlatanisme, qui accuse l'ignorance de ceux qui en sont dupes. Apprendre en effet à écrire, c'est contracter l'habitude mécanique de tracer vingt-cinq caractères dans une position déterminée; or, il ne peut exister de secrets qui fassent contracter une habitude qui, pour devenir parfaite et durable, a besoin d'une suite d'exercices méthodiquement combinés par ordre de difficultés et en quantité assez grande, dans un temps le plus court possible.

Sachons bien que le succès et la conservation du talent acquis ne peuvent être que le fruit des difficultés vaincues; ceux qui tiennent un autre langage veulent flatter la paresse, car ils savent au fond aussi bien que moi que rien ne s'acquiert sans travail, et c'est ici qu'on peut rappeler l'axiome favori de Jacotot : *Rien n'est dans rien, tout est dans tout.*

Pour me résumer sur toutes les difficultés qui forment obstacle à l'art de bien écrire, je dirai qu'il y a désaccord complet entre ce que les maîtres font faire à leurs élèves et le but qu'ils se proposent d'atteindre.

Les maîtres veulent donner à leurs élèves beaucoup de légèreté dans la main, et ils leur font tracer lentement et péniblement de gros caractères, ce qui exige une forte pression de la plume entre les doigts et sur le papier.

Ils désirent que toutes les lettres se lient ensemble pour composer un tout uniforme, et ils leur font copier des caractères isolés et sans liaison entre eux.

Ils leur recommandent de faire glisser légèrement la main sur le papier, et cette main, ainsi que le poignet, l'avant-bras et le bras, s'y appuient si lourdement, que le mouvement de transport de gauche à droite ne peut s'opérer que par saccades et en dérangeant la position à chaque lettre.

Ils leur enjoignent de donner une pente uniforme à l'écriture, et les modèles à imiter ne l'ont pas.

Ils exigent qu'ils tiennent la plume de telle sorte que les deux angles portent également sur le papier, et chacun des mouvements tend à déranger la position de la plume, par un renversement de la main qu'ils n'ont aucun moyen d'empêcher.

Enfin, ils leur disent de tracer bien droit leurs lignes, et chaque mouvement de gauche à droite tend à faire décrire des arcs de cercle dont le centre est plus ou moins rapproché, conséquemment qui sont plus ou moins courbes, suivant que le mouvement part de l'articulation du poignet, du coude ou de l'épaule.

Le plus fâcheux de ce système, c'est que l'élève se donne beaucoup de peine pour apprendre une écriture très-imparfaite et, quand il s'agit de modifier ce genre d'écriture ou de le remplacer par un autre, propre aux affaires et à la correspondance, c'est un point qu'on laisse entièrement à sa disposition.

Il arrive de là que son écriture ne ressemble jamais à celle du maître ; il ne la doit qu'au hasard et à un long et pénible travail. Tout le temps que l'élève emploie à apprendre l'écriture n'est qu'un combat entre plusieurs mauvais principes : il en résulte qu'il ne contracte qu'une espèce d'habitude routinière qui se fixe sur telle manière plutôt que sur telle autre.

Pour achever de porter la conviction dans l'esprit de mes lecteurs, qu'on me permette un rapprochement entre ce mauvais système et celui que j'établis dans ma méthode.

Un élève devant qui l'on place un modèle pour le copier, comme cela se pratique, est exactement dans la même situation que si on exigeait de lui qu'il traçât, avec la plume seulement, une suite de figures de géométrie, sans qu'il eût aucune notion préliminaire de cette science. Que fera-t-il, dans l'un et dans l'autre cas ? il tâtonnera, s'épuisera en efforts pénibles et n'arrivera jamais à une imitation parfaite :

Voilà le système suivi jusqu'à ce jour en fait d'écriture.

Si, au contraire, vous lui donnez les instruments de précision nécessaires, et si vous lui démontrez la manière d'opérer, il réussira, quel que soit le degré de son intelligence : *Voilà ma méthode.*

III.

MOYENS DE LEVER TOUTES LES DIFFICULTÉS. — SUCCÈS
DE MES PREMIÈRES EXPÉRIENCES.

Si je me suis appesanti sur la nécessité d'apprendre à bien écrire, c'est que, d'un côté, il fallait donner à mes lecteurs une conviction d'accord avec les exigences sociales de notre époque, et que, de l'autre, le succès dans l'art de l'écriture, un des premiers que l'on enseigne à l'enfance, doit exercer une puissante influence sur le succès de ses études à venir. Si j'ai également insisté sur les difficultés que cet art présentait aux élèves, c'est que j'ai trouvé des moyens sûrs de lever toutes ces difficultés.

J'ai dit que l'effort infructueux que j'avais fait pour trouver aux caractères une règle positive d'exécution était venu me démontrer la nécessité d'une réforme appliquée tout d'abord à la construction des caractères ; or, comme je ne pouvais pas tracer à la plume l'alphabet modifié selon mes vues, je me vis forcé de le dessiner. L'équerre et le compas en main, je traçai une ellipse allongée que j'ombrai d'après les principes de la perspective; je tirai ensuite la ligne appelée jambage, parallèle à l'axe de mon ellipse, ce qui produisit un *a* sans panse. Ce caractère, ainsi construit, présente beaucoup plus de grâce et de simplicité, et peut s'exécuter, sans que la plume change de position, en deux mouvements, dont le second n'est que la continuation du premier. La lettre *a*, ainsi que je l'ai déjà dit, pouvant, à l'aide de quelques modifications dont elle fournit les éléments, servir à former toutes les lettres de l'alphabet, je dessinai cet alphabet complet d'après le même principe.

J'en espaçai les lettres comme elles doivent être espacées dans les mots, et je les liai entre elles de telle façon, qu'en supposant la plume placée dans la même direction que la pente des lettres et maintenue dans cette position d'une manière aussi invariable que si elle était dirigée par une règle, elle pût arriver de la première lettre de l'alphabet jusqu'à la dernière, *sans se déranger* et sans éprouver d'obstacles. D'après cette réforme, je pouvais faire faire un progrès à l'art, en publiant des modèles exécutés selon mon procédé; mais je n'aurais pas entièrement rempli mon but, qui était d'ériger en principes des moyens d'exécution basés sur la forme des caractères et d'une simplicité telle, qu'on fût toujours amené à bien exécuter, sans être obligé de s'en rendre compte. Il restait à trouver ces moyens, et j'ignorais comment il fallait m'y prendre pour faire produire à la main ce que je n'avais obtenu qu'à l'aide d'instruments. Une pensée m'éclaira : Dieu, me dis-je, en donnant à l'homme la puissance créatrice, lui a donné aussi celle de perfectionner ; quelque simples qu'en soient ordinairement les moyens, ils coûtent souvent bien des recherches. Cette pensée me fit redoubler d'efforts et je compris que, puisque je ne pouvais faire usage pour écrire des moyens employés pour dessiner, c'est que j'avais en moi les facultés propres à y suppléer.

Je comparai les effets mécaniques avec ceux que je pouvais obtenir avec la main ; je m'aperçus que, dans les différentes combinaisons du compas, de l'équerre et du tire-ligne, j'avais figuré un parallélographe, et que, dans d'autres combinaisons, ayant ajouté une règle elliptique, j'avais figuré un parallélipsographe (instrument propre à décrire des ellipses parallèles). On voit que, pour construire mon alphabet, j'avais fait à l'aide d'instruments une opération de géométrie organique. Il fallait, pour obtenir le même résultat, faire cette opération par un mouvement continu dont la main, armée de la plume, devînt à la fois l'instrument, le moteur et le régulateur.

Pour reproduire avec la main seulement l'écriture que j'avais dessinée, je me plaçai en dehors de toute influence d'habitude qui, bonne ou mauvaise, eût nui au succès de mes recherches ; je renonçai donc à faire usage du peu de connaissances que je possédais en écriture. Je cherchai mes principes dans un art dont l'exécution repose sur des principes

positifs, dans le dessin linéaire, que je considère avec
raison comme la clef de tous les arts graphiques, et
dont j'analysai les procédés en rapport avec la pratique dont j'avais besoin pour l'instant. J'étais déjà
à peu près certain que ces procédés pouvaient s'appliquer à l'écriture. J'examinai de nouveau la manière d'opérer, et je vis tout d'abord que, pour obtenir, dans le dessin, des lignes d'une grande pureté, il
faut appuyer également sur le papier les deux pointes
formant le bec de la plume; qu'il faut en outre que
cette plume, ou plutôt la fente de cette plume, dirigée ou non par une règle, soit placée et maintenue,
pendant toute la durée de l'opération, dans la même
direction que la ligne à tracer (1); qu'il faut enfin que
cette ligne soit tracée sans hésitation, sans sautille-
ments et sans temps d'arrêt. Peu d'observations me
suffirent pour me convaincre que je ne m'étais pas
trompé en pensant que les règles à observer dans
le dessin linéaire devaient s'appliquer, comme rigoureux principes, aux caractères d'écriture. Ce
n'est pas sans intention que je dis *comme rigoureux
principes*, car ce qui n'est que nécessaire dans le
tracé des lignes du dessin *avec la règle*, devient de
rigueur dans le tracé de l'écriture, qui exige la même

(1) Cette direction doit être conservée indépendante du degré d'inclinaison de la plume sur le plan du papier; cette inclinaison est en raison de la flexibilité du bec. Les plumes métalliques de ma méthode doivent avoir la même inclinaison que celle de la ligne divisant un angle
droit en deux parties égales (cinquante degrés). Si l'on prend cette plume
pour terme de comparaison, une autre plume, plus flexible, doit être
moins inclinée; une plume moins flexible doit l'être davantage.

précision, la même netteté, la même régularité, et qui est privée d'un moyen mécanique d'exécution.

Afin de m'éviter tout tâtonnement dans mes exercices sur l'application des principes pratiques du dessin, j'avais eu l'idée d'opérer sur l'écriture même, en faisant parcourir plusieurs fois l'alphabet à une plume sans encre. Cet exercice, tout simple et tout futile qu'il paraisse, m'a conduit, par les conséquences que j'en ai déduites, à trouver le principe général au moyen duquel on peut apprendre tous les genres d'écriture. Je vais développer ce principe.

Dans le parcours des caractères j'examinai avec la plus scrupuleuse attention l'effet que produisait ma plume : elle opérait avec l'exactitude du calque le plus parfait, décrivant les pleins, les déliés, les liaisons, tout naturellement et par le fait seul de sa position. Je continuai mes observations, pour achever de justifier mes premières remarques ; je fis dévier la plume de la pente de mon alphabet, en lui donnant une direction moins inclinée et en la maintenant du reste dans la même fixité de position et dans toutes les autres conditions. Elle produisit ainsi une écriture moins penchée, mais qui me parut tout aussi régulière et tout aussi parfaite que celle de mon modèle. Pour m'assurer que ce résultat n'était point une illusion, je dessinai aussitôt plusieurs alphabets passant par différents degrés d'inclinaison, depuis l'écriture *anglaise* jusqu'à la *ronde*, et tous, bien entendu, basés sur le parallélisme. J'opérai alors sur chacun d'eux tour à tour, comme j'avais opéré sur mon premier alphabet, et j'obtins de tous le même résultat. Enfin, comme je ne voulais conserver aucun doute, au lieu de calquer à sec mon modèle, je plaçai dessus une feuille de papier végétal et je le calquai réellement. L'épreuve fut décisive. Le calque était tremblotant parce que, exécutant à main levée, j'avais peu d'assurance, mais les pleins, les déliés et les liaisons étaient bien produits et le parallélisme conservé.

Il résulte du résumé de ces opérations, que lorsqu'on donne un modèle d'écriture à imiter, cette écriture exige de la plume une position en parfaite harmonie avec son degré d'inclinaison ; la plume oblige la main à se placer de manière à lui conserver cette position, même dans la mobilité ; enfin l'avant-bras suit naturellement la direction de la main et détermine celle du corps.

D'après ce principe, aussi simple que vrai, placer un modèle devant un enfant pour lui apprendre à écrire, sans lui donner des moyens d'opérer puisés dans ce modèle, c'est exiger une chose impossible, comme l'expérience ne l'a que trop justifié.

Il est inutile d'expliquer les procédés que j'ai employés pour établir de l'harmonie entre la fin et la réalisation complète des moyens. Je puis dire que le succès est tellement positif, que tous ceux qui le connaissent ont jugé, comme moi, que la meilleure démonstration de ma découverte était de la présenter aux yeux. J'ai moulé l'avant-bras et la main armée de la plume, dans la position qu'ils doivent avoir en écrivant : si l'on examine attentivement cette matière inerte et qu'on lui suppose le mouvement de la matière animée et l'usage des articulations , dans quelque inclinaison qu'elle soit placée, on verra que la plume a toujours, suivant le besoin, une règle droite ou elliptique qui la suit dans tous ses mouvements, pour la guider et la maintenir dans la position en rapport avec l'écriture, et que cette règle est elle-même soumise à l'action du régulateur.

Pour dessiner mon alphabet, j'avais fait usage d'une règle droite et d'une règle elliptique : j'avais reproduit avec ma main une règle droite et une règle elliptique; je m'étais servi d'un compas à brisures : et, par la position seule, j'avais formé un compas à quadruple brisure et à trois branches, dont une seule était fixe dans les grands mouvements, et deux dans les petits pour déterminer les limites du parcours de la branche mobile. Il m'était donc arrivé ce qui arrive toujours quand on suit les lois naturelles : j'avais d'abord étudié la pratique, et la pratique me ramenait à la théorie. Le principe donné par M. Charles Dupin pour le tracé des ellipses était complétement réalisé par ma plume, dirigée avec les instruments de précision dont Dieu nous a si libéralement pourvus. Les lignes droites venant comme d'elles-mêmes se placer parallèlement les unes aux autres, par un mouvement continu, j'avais dans la main un parallélographe à mouvement continu. Les ellipses parallèles venant s'inscrire successivement dans des parallélogrammes parallèles entre eux, par le même mouvement continu, j'avais dans la main un parallélipsographe à mouvement continu. Enfin, ce double mouvement que ma main pouvait exécuter alternativement, dans l'ordre réclamé par l'écriture, était soumis au ré-gulateur.

J'avais atteint mon but : l'alphabet que j'avais ob-tenu au moyen d'instruments de précision était re-produit par ma main, prête à coordonner ses mou-vements avec une volonté nettement formulée ; j'avais appliqué à l'écriture le mouvement continu, j'avais mis de côté la routine pour demander mon art à la science, et la science m'avait donné mon art.

Dans mes premiers exercices de la plume sur l'é-criture, j'avais d'abord éprouvé beaucoup de difficul-tés ; mais elles avaient disparu si complétement en peu de jours, que je jugeai avoir trouvé plus que je ne cherchais, c'est-à-dire *le prodigieux effet de l'ha-bitude sur nos facultés physiques*, quand on les exerce d'une manière invariablement uniforme : Je me pro-mis de mettre tout en œuvre pour qu'aucune mau-vaise habitude ne vînt entraver le développement de cette disposition, si favorable au succès de ma mé-thode. Ce fut sur moi, qui en avais déjà senti le bienfait, que je fis la première application, et je ne tardai pas à contracter l'habitude d'une si bonne écriture qu'elle aurait pu faire supposer plusieurs années de leçons.

Certain de pouvoir créer moi-même des exemples, je continuai l'application de mes principes. Mes deux premiers élèves furent un enfant de dix ans, qui n'avait jamais écrit, et une dame qui avait une longue habitude d'une écriture informe. L'un et l'autre possédèrent, en moins de deux mois, et possèdent encore une écriture d'une perfection rare.

Le but que je me proposais était entièrement atteint si j'obtenais, sur un grand nombre d'élèves dirigés par un seul maître, les mêmes résultats que dans l'enseignement individuel. Je me rendis à Bourbon-Vendée, avec l'intention d'ouvrir dans cette ville un cours gratuit d'écriture. Je me présentai à M. le colonel du 10ᵉ régiment de ligne, et je lui fis un exposé succinct de mes vues et de mes espérances. Cet excellent officier m'encouragea, me donna pour élèves plusieurs militaires et me mit ainsi à même de faire l'expérience de mes procédés. Le succès fut si complet (1) que, grâce à la bienveillante influence de M. le colonel, il eut du retentissement. Un grand nombre d'élèves désirèrent recevoir de mes leçons ; je limitai leur nombre à soixante.

Je fis de la sorte toutes les observations propres à me conduire au perfectionnement de ma méthode. Mon attention se fixa d'abord sur le choix des plumes. Je m'étais servi, dans mes premiers essais, de plumes naturelles ; mais je reconnus bientôt qu'un de leurs inconvénients était de faire du maître le tailleur de plumes de ses élèves. J'essayai alors une plume métallique, et je la fis modifier de manière que la taille, vue au microscope, présentât la même

____

(1) Voir aux Pièces justificatives.

coupe que celle de la plume naturelle avec laquelle j'avais appris à écrire. C'est sur ce modèle, produisant des caractères très-purs, que j'ai fait fabriquer les plumes métalliques qui portent mon nom.

Pour remplacer le papier végétal dont je m'étais servi dans mon premier essai, et dont l'emploi était impossible, à cause du prix fort élevé de ce papier et de ses aspérités nuisant au mouvement continu, j'étais obligé de me livrer à un genre d'exercices impraticables sur une vaste échelle. Je sentis alors la nécessité de créer un papier végétal plus convenable; je me contentai, pour l'instant, d'en préparer un qui, confectionné à la hâte, ne remplit que très-imparfaitement mon but. Depuis, j'en ai inventé un nouveau, comme on le verra ci-après.

J'avais la certitude que le progrès des élèves était en raison directe de la facilité ou de l'attention avec laquelle ils se maintenaient dans la position prescrite *par l'écriture;* souvent j'étais obligé de tenir l'avant-bras et la main à ceux qui éprouvaient trop de difficultés; mais je ne pouvais encore user de ce moyen sur un grand nombre d'élèves à la fois. C'était donc là un obstacle sérieux qu'il importait de lever. J'attendis pour l'entreprendre que tous mes élèves eussent acquis le degré de perfection qu'ils désiraient; puis je me retirai à la campagne, où je commençai par faire usage de mes connaissances chimiques, pour créer le papier dont j'avais senti l'indispensable nécessité. Je ne prévoyais pas, à cette époque, tout ce que l'exécution de ce projet devait me coûter de

travaux et de veilles ; car après avoir épuisé sans succès toutes les combinaisons crues possibles, c'est
hors de leur limite, souvent trop bornée pour les
arts, que j'ai trouvé la réalisation de mon œuvre (1).

Si j'ai bien exprimé ma pensée, c'est dans la position de la main et dans la tenue de la plume, en
rapport avec le modèle, qu'il faut chercher la manière
prompte et sûre d'arriver à un succès complet.
Toutes les observations que j'avais faites dans la
pratique étaient d'accord avec ce principe ; la difficulté consistait donc pour moi à trouver le moyen de
matérialiser, si je puis m'exprimer ainsi, cette position, de telle sorte que l'élève fût toujours amené à
bien faire, sans être obligé de s'en rendre compte.

Je moulai la main exécutant l'écriture, et ce fut
alors qu'en examinant le moule et le parti qu'on pouvait en tirer, j'aurais pu m'écrier comme Archimède :
J'ai trouvé !

C'était en effet une heureuse idée que de mouler
l'avant-bras et la main, placés l'un et l'autre dans la
position prescrite par l'écriture, pour se servir du
moule afin de faire prendre et conserver cette po-
-sition en écrivant. Mais que d'obstacles à vaincre
pour amener ce moule à ne mettre aucune entrave
à une bonne exécution et à opposer de la résistance
à une mauvaise ! En admettant même tous ces obs-

____

(1) Ce produit chimique, perfectionné comme il l'est aujourd'hui,
constitue seul une invention qui est devenue, dans tous les pays où les
arts sont cultivés, l'objet d'un commerce assez important et tout à fait en
dehors de sa destination primitive.

tacles aplanis, il fallait encore que l'avant-bras et la main pussent s'identifier assez avec le moule, dans lequel ils étaient placés, pour lui communiquer une partie de leur vitalité, de façon que, par leurs mouvements combinés, il les conduisît et les dirigeât, sans s'écarter des limites du parallélisme formant la base de mon système.

En supposant les premières difficultés vaincues, le résultat ne pouvait en être utilisé qu'autant que cette dernière l'aurait été également. Ce fut donc par celle-ci, qui se rattachait au mouvement, que je commençai.

Je construisis d'abord, pour support de mon appareil, un premier conducteur, susceptible d'être mu par la moindre force motrice. Je donnai à sa course une direction parallèle à la ligne sur laquelle est assise l'écriture. Les deux points déterminant cette direction étant fixes, ils bornent la ligne de parcours, par conséquent le transport du moule de gauche à droite et de droite à gauche, par un mouvement continu, était trouvé et la main pouvait à volonté en accélérer ou en ralentir la vitesse.

Je construisis ensuite un second conducteur ayant deux tables, l'une fixe, formant la base, l'autre mobile par va-et-vient. Je le réunis au premier par un axe commun, laissant au second la faculté de pivoter sur lui-même, afin que sa table pût recevoir la même inclinaison que l'écriture à reproduire. Ce rapport d'inclinaison, établi au moyen d'une règle, est maintenu par une vis de pression. Mon appareil possédait déjà tout ce qu'il fallait pour donner le mouvement au moule ; il ne restait plus qu'à dégager ce moule de ses parties inutiles ou nuisibles. Cette opération terminée, il se trouva divisé en plusieurs pièces qui, adaptées isolément à l'avant-bras et à la main, les maintiennent aussi invariablement que le moule, dont l'ensemble rendait l'exécution impossible. Il suffisait maintenant de fixer sur le conducteur à pivot la pièce principale du moule, celle qui donne la direction à l'avant-bras et à la main. On comprend que rien n'était plus simple.

Si j'ai décrit aussi minutieusement la construction de mon régulateur, c'est que de cette description il ressort une conséquence d'un haut intérêt, relativement aux remarques à faire sur les effets de l'habitude. Comme ce régulateur est formé de pièces représentant toutes les difficultés, dans l'ordre où elles doivent être vaincues, les parties du moule les moins importantes cessent leurs fonctions les premières ; on doit les mettre successivement de côté, aussitôt que l'on reconnaît leur inutilité. Il en est de même de chaque pièce composant l'appareil proprement dit, que l'on devra aussi démonter successivement, quand on sentira que l'habitude a produit son effet ordinaire : la main sera donc amenée à vaincre toutes les difficultés, en suivant l'ordre des difficultés à vaincre.

Mon intention était de faire de cet appareil un instrument de précision remplaçant le maître et la démonstration écrite ; le but était atteint et même dépassé, car, loin de nuire au mouvement continu, mon régulateur y conduisait tout naturellement.

J'avais enfin découvert le complément indispensable de ma méthode, l'élément qui formait, avec mon papier végétal, la base essentielle de ses succès et de son avenir. Non-seulement le travail de surveillance du maître était heureusement simplifié, mais encore on pouvait réussir à apprendre seul tous les genres d'écriture ; enfin la mère de famille devenait le meilleur des professeurs, sans qu'il fût nécessaire qu'elle écrivît bien elle-même.

Impatient de faire l'expérience de mes nouveaux perfectionnements, je retournai à Bourbon-Vendée ; je trouvai auprès de M. le colonel du 14ᵉ régiment de ligne, qui avait remplacé le 10ᵉ, le même accueil qu'auprès de M. le colonel du 10ᵉ. Je commençai un cours que je voulais terminer le plus promptement possible et auquel je n'admis que les militaires désignés, plus deux jeunes enfants. Au bout de quelques jours de leçons, je reconnus positivement que l'application de ma méthode perfectionnée ne pouvait, même sur la plus vaste échelle, présenter désormais aucun obstacle (1).

J'ai parlé de l'obstination de certains maîtres, ennemis aveugles de toute innovation, quelle qu'en soit la portée ; j'ai dit encore qu'il existait des professeurs intelligents, les premiers à gémir sur l'impuissance où ils sont de perfectionner chez leurs

(1) Voir aux Pièces justificatives.

élèves l'art de l'écriture, qu'ils n'ont eux-mêmes acquis qu'au prix d'un long et pénible travail.

Je dirai aux uns : mettez de côté toute prévention, venez voir écrire un de mes élèves, à sa cinquantième leçon, et vous jugerez si l'un des vôtres serait capable de produire, *après bien des années de travail*, une écriture qui réunisse au même degré la régularité de pente et de forme, la facilité d'exécution, enfin cette grâce élégante et légère qui n'appartient qu'aux œuvres d'une main artistique.

Je dirai aux autres : si, avant d'avoir constaté par une longue suite de succès l'existence d'un moyen infaillible de perfectionner l'art de l'écriture, on m'avait parlé de résultats semblables à ceux que j'ai obtenus, j'aurais douté, comme vous, jusqu'à ce que la théorie, justifiée par la pratique, vînt forcer ma conviction. Veuillez donc, dans l'intérêt de l'instruction, suivre attentivement l'exposition de mes procédés. Ils n'ont rien d'occulte, ils sont simples et naturels comme tout ce qui est vrai ; ne craignez pas de multiplier vos questions, je répondrai à toutes et je suis prêt à me répéter aussi souvent que vous le croirez utile à la manifestation de la vérité.

IV.

RÉFUTATION, PAR LA DÉMONSTRATION PRATIQUE, DE TOUTES LES
OBJECTIONS QUI M'ONT ÉTÉ FAITES.

J'eus un jour la conversation suivante avec un professeur que je connaissais depuis longtemps ; c'était un homme d'un esprit judicieux et éclairé, ne fermant jamais l'oreille à la logique d'une discussion, alors même que son opinion y était énergiquement attaquée. Si je rapporte cet entretien, c'est qu'il contient la réfutation de toutes les objections qui m'ont été adressées.

« Vous prétendez, me disait-il, donner de suite à vos élèves une légèreté d'exécution qui ne s'acquiert, d'après les procédés ordinaires, que par une longue pratique : vous voulez donc que l'on commence par la fin?

— Vous avez deviné juste, répliquai-je, car la fin, qui doit avoir pour résultat d'écrire vite et bien, est seule utile : aussi, dès le commencement, je vais droit au but, en écartant toute habitude contraire ; vous savez *qu'il est plus facile de contracter une bonne habitude que d'en perdre une mauvaise.*

— Mais, reprit-il, c'est là précisément que se trouve la difficulté ; contracter en effet tout de suite une bonne habitude, consiste, d'après vous, à écrire sur-le-champ comme on écrira plus tard : si l'on a

appris, dans le principe, à écrire lentement par la
méthode usitée, la main possède le dessin des lettres
et l'on peut écrire vite, sans être exposé à tracer des
caractères informes. C'est donc à cette méthode qu'on
doit d'éviter les mauvaises habitudes; d'ailleurs, en
voulant faire courir un enfant à peine assez fort pour
marcher, on risque de le faire tomber.

— Tout ce que vous dites, y compris l'enfant qui
court le risque de tomber, répondis-je, serait vrai, si
ma méthode n'avait pas tout prévu; mais l'enfant qui
prend sa première leçon, ou la personne qui veut changer son écriture, ont pour guides des moyens mécaniques qui leur donnent de suite ce qu'ils n'eussent
acquis, par la méthode ordinaire, qu'après plusieurs
années de leçons. Aussi l'enfant ne peut pas tomber
en allant vite, car il est soutenu par des lisières qui
lui donnent la faculté d'aller à la fois vite et bien.
Écrire vite par ma méthode est une chose toute naturelle et tout à fait conforme aux moyens d'exécution qui sont aux mains de l'élève. Écrire lentement
lui offre plus de difficultés; voilà pourquoi je l'exerce
à le faire; mais les procédés étant les mêmes que
pour écrire vite, ils ne rendent pas la main lourde. »

Comme je ne lui avais pas développé mes moyens
d'exécution, il doutait toujours, surtout au sujet de
cette proposition : *écrire lentement offre plus de difficulté.* Je compris qu'une démonstration était devenue nécessaire : je le priai de jeter sur le papier
quelques traits et quelques majuscules, ce qu'il exé-
cuta très-vite, à main levée, avec beaucoup de légè-

reté et de précision. Je l'invitai à recommencer, mais plus lentement : ce qu'il fit n'était pas à beaucoup près aussi bien que la première fois. Je lui demandai enfin une troisième expérience, à main posée, et très-lentement : ce qu'il produisit était tellement défectueux, que personne n'aurait cru que c'était l'œuvre de la main qui avait jeté les premiers traits.

Cette démonstration donnait gain de cause à l'un des principes les plus importants de ma méthode; elle le frappa vivement.

« Je vois, reprit-il, que, dans votre système, vous croyez qu'il est possible de faire écrire à main courante dès la première leçon; mais, pour que vous ne vous abusiez pas sur cette possibilité, il faut le concours de plusieurs conditions qu'il me paraît impossible de réunir. Il faut d'abord avoir le moyen de déterminer pour la main, l'avant-bras et le bras, une position convenable, qui puisse être conservée dans le mouvement continu exigé par l'écriture; car, si cette position change, l'harmonie est détruite et l'exécution instantanée est impossible.

Mais j'admets que vos démonstrations aient tout prévu et que la position reste invariable. Comment parviendrez-vous à remplacer immédiatement la pratique du dessin des lettres? car il ne suffit pas de faire mouvoir la plume pour qu'elle trace des caractères réguliers, pas plus qu'il ne suffit de souffler dans une flûte pour jouer un air dont les notes déterminent le mouvement des doigts; l'exécution de l'écriture exige aussi des mouvements qui varient selon la forme des caractères à tracer. Vous dites que vos élèves écrivent, avec régularité et promptitude, des caractères dont ils ne connaissent pas le dessin ; si vous obtenez un pareil résultat, votre méthode doit amener une révolution dans l'art de peindre la pensée, elle doit être proclamée la méthode par excellence.

— Les difficultés que vous signalez, lui répondis-je, existaient, ainsi que d'autres dont vous ne parlez pas, et que je ferai connaître en temps utile ; ma méthode les a fait disparaître. La meilleure manière de vous assurer du mérite de ma théorie, c'est d'examiner son application sur des élèves de forces différentes et graduées, de telle sorte que vous puissiez la suivre dans toutes ses phases ; vous pourrez ainsi vous convaincre que la fin est parfaite, si l'on a voulu faire un usage complet des moyens. Vous allez assister à l'une de mes leçons. »

Je l'introduisis aussitôt dans une de mes salles d'étude, puis reprenant la parole : « Vous pouvez, monsieur, faire ici toutes les remarques propres à vous éclairer. Commençons par cet enfant de huit ans qui n'a pas encore pris de leçons ; vous ferez bien de suivre ses progrès de chaque jour, car celui qui veut se rendre un compte exact de ma méthode doit entrer dans le moindre détail, s'il tient à se convaincre que rien n'en est arbitraire et que chaque procédé a une raison justificative de son utilité.

Pour résoudre vos objections dans l'ordre où vous les présentez, je vais faire prendre à cet enfant la position que je prescris.... Vous voyez qu'il est libre dans tous ses mouvements, que cette position est aisée, gracieuse, qu'elle ne peut nuire à son développement physique, quel que soit le temps qu'il consacre à l'écriture, avantage qui deviendra plus tard du plus haut intérêt pour lui, car il est certain qu'une position qui ne fatigue pas le corps en écrivant laisse à l'esprit toute sa liberté et doit exercer une influence salutaire sur le développement des idées.

Mais il ne suffisait pas, comme vous l'avez judicieusement observé, de lui donner une position parfaite; il fallait encore lui assurer les moyens de la conserver dans tous les mouvements : c'est ce qui m'a démontré la nécessité des appareils qui vont vous être soumis. Ces appareils, que j'ai appelés *régulateurs*, sont, comme vous le voyez, munis d'une main factice, placée comme doit toujours l'être la main qui écrit. Je choisis un de ceux dont la main factice offre le plus d'identité avec la main de mon élève; remarquez qu'il y a un conducteur mobile que l'on incline à volonté, suivant le degré d'inclinaison du modèle, opération qu'il est toujours indispensable de faire et qui n'offre aucune difficulté. Maintenant que tout est réglé, je fais placer la main de l'enfant exactement comme était la main factice. Il se trouve ainsi dans la position que je lui avais fait prendre assez difficilement au moyen de la démonstration écrite. C'est ce que j'ai appelé *la démonstration matérialisée.*

Mon appareil fait disparaître votre première objection, qui ne porte plus alors que sur une difficulté vaincue; étudiez les effets que produit l'application de son mécanisme, et vous serez à même de constater qu'il existe une dépendance mutuelle entre ces effets et ce que je veux obtenir. Ce que je veux obtenir, c'est l'imitation du modèle, et c'est ce modèle même qui détermine, par le régulateur, la position de tous les agents dont le concours est indispensable à l'imitation.

Il reste à démontrer par quels moyens je vais réussir à faire tracer de suite à mon jeune élève des caractères d'écriture dont sa main ne possède pas le dessin. Dans les méthodes ordinaires, le maître place le modèle devant l'élève en lui disant : imitez cela si vous pouvez. L'élève ne réussit jamais. Mon procédé est tout à fait différent; je place le modèle sous la plume même, après l'avoir recouvert de mon papier végétal; comme ce papier est très-transparent, l'élève voit les caractères à travers, et je lui dis : imitez avec exactitude, vous le pouvez; et il le fait, comme vous le voyez, sans la moindre hésitation, parce qu'il n'est distrait par aucun autre soin. La seule difficulté qu'il éprouve est d'écrire lentement, et cela par la même raison qu'un enfant qui commence à marcher seul arrive plus facilement au but de sa course en marchant avec vitesse qu'en marchant avec lenteur. Il lui faudra peu de temps pour acquérir de l'assurance, parce que, n'ayant aucun obstacle à combattre, il contracte promptement l'habitude de bien faire. Si j'insiste pour que votre attention se fixe d'une manière toute spéciale sur cet enfant, c'est que la difficulté, je pourrais dire l'impossibilité d'apprendre à bien écrire aux enfants, rend précieux un procédé qui fait complétement disparaître cette difficulté.

— Je ne puis encore, dit le professeur, vous exprimer entièrement mon opinion, car, bien que vous ayez répondu péremptoirement à mes objections, je ne fais qu'entrevoir les heureux résultats de votre méthode, tout en avouant sa haute importance, si ce que j'ai encore à examiner répond à ce que j'ai déjà vu. Il faut donc que j'étudie la suite de votre système pour bien juger de son ensemble; je puis vous dire au surplus que ce qu'il me reste à voir, pour convenir franchement de la supériorité de vos moyens, peut se résumer en peu d'observations. Ne craignez-vous pas que votre qualité d'inventeur ne vous abuse sur le mérite de vos procédés? 1° Les effets de l'habitude ont-ils une puissance telle que l'élève puisse, sans autre secours, conserver en écrivant la position qu'il devait à l'appareil, et reproduire avec un certain degré de perfection l'écriture qu'il n'a fait que calquer? 2° Les exercices à l'aide desquels s'acquiert cette habitude ne sont-ils pas tellement nombreux, qu'ils ne deviennent impraticables, surtout dans les écoles chrétiennes, en raison de la dépense qu'ils occasionneraient? 3° En accordant aux effets de l'habitude l'influence que vous leur attribuez, comment expliquerez-vous la facilité avec laquelle *vous faites perdre une longue habitude d'une écriture informe?* 4° Enfin cette influence se manifestant d'une manière aussi tranchée, que répondrez-vous à ceux qui, par une susceptibilité que je ne saurais toutefois approuver, voient un danger dans la ressemblance des écritures? »

Telles furent toutes les objections que m'adressa le professeur ; je lui répondis :

« Vos doutes, monsieur, sont bien naturels, puisqu'il s'agit d'effets qui n'ont pas encore été étudiés, et cela malgré la maxime si connue que *l'habitude est une seconde nature.*

Je vous ai démontré les moyens que j'ai employés pour assurer à mon élève une position invariable dans l'exécution ; vous avez vu également par quel autre procédé je parviens à lui faire tracer des caractères dont il ne connaît pas même le dessin. Nous allons examiner à présent ce qu'un élève est en état de faire quand il quitte l'appareil. Prenons ce jeune homme qui en fait usage depuis plusieurs jours : à son exécution facile, à cette espèce de laisser-aller qui indique qu'il n'éprouve plus aucune gêne, on peut supposer que l'appareil lui est devenu inutile ; nous allons nous en assurer par un moyen qui ne saurait nous laisser l'ombre du doute. Faisons disparaître, en commençant par les moins importants, une partie des agents mécaniques qui l'ont forcé d'abord à conserver la bonne position. J'enlève l'anneau mobile qui empêchait sa main de se tourner en dehors, maintenait la plume dans la direction de l'écriture et faisait porter également les deux pointes du bec sur le papier. Comme la main de l'élève reste invariable, il est évident qu'il peut se passer de cet anneau. Otons-lui maintenant le double tube qui devait donner à son petit doigt l'habitude de suivre tous les mouvements de la plume, et en faire le principal régulateur. Puisque, sans ce double tube, le petit doigt remplit convenablement ses fonctions, c'est qu'il lui était encore inutile. Nous pourrions de même enlever une à une toutes les pièces qui forment l'appareil, il est probable que l'harmonie de la position ne serait pas détruite; mais ce n'est pas ainsi que je procède : je ne fais disparaître une nouvelle pièce qu'après avoir acquis la certitude que l'on peut et que l'on doit même se passer de celle que j'ai supprimée précédemment. Examinons un élève qui a subi l'épreuve de cette progression et qui possède l'habitude de bien faire, privé de tout secours étranger aux principes pratiques de la méthode. Vous voyez que, sans l'appareil, il exécute même avec plus de facilité. Mais jetons les yeux sur d'autres, et dites-moi s'il en est un seul qui ne se maintienne pas dans la position prescrite, soit qu'il veuille accélérer ou ralentir ses mouvements? Interrogez-les tous, et ils vous répondront que cette position leur est devenue familière après quelques jours d'exercices. Un anatomiste a constaté que cette position est naturelle et basée sur la conformation des organes.

Je ne m'arrêterai pas plus longtemps sur cette partie de ma méthode qui a rapport à la position et aux moyens de la conserver; il est impossible que tous vos doutes ne soient pas complétement dissipés ; je vous prierai seulement de remarquer comme tous mes élèves calquent avec aisance, comme leur main glisse avec légèreté sur le papier, comme leur plume parcourt toute la ligne, sans interruption, sans sautillement, sans efforts, et sans qu'ils soient exposés à contracter une seule mauvaise habitude, but principal, je le répète, de tous mes soins et de toute ma sollicitude.

Ce qui doit actuellement fixer votre attention c'est le fait capital de toute ma méthode, car de lui seul dépend le plus ou le moins d'avantage qu'on peut en retirer ; vous comprenez que je veux répondre à votre objection relative à la reproduction de l'écriture qu'on a calquée. Je vais prendre l'élève qui calque avec le plus d'exactitude et de facilité : en voici un qui n'avait jamais appris à écrire avant les exercices de ma méthode, pas plus qu'il n'a eu depuis l'occasion de tracer de lui-même d'autres caractères que ceux qu'il a calqués.

Quoique l'habitude ait déjà produit sur lui son effet ordinaire, il ne s'en doute pas ; aussi montrerait-il de l'hésitation, si je le faisais écrire de suite ; mais je vais l'y amener graduellement et, pour ainsi dire, à son insu, en lui faisant calquer un modèle qui contient une ligne pour chaque lettre de l'alphabet. Entre chacune des lettres gravées qu'il calque il y a une place indiquée pour qu'il en écrive une autre de lui-même, opération rendue facile par la liaison qui lui indique le commencement de la lettre qu'il va former sans le secours du modèle. Vous voyez qu'il serait fort difficile de faire une distinction entre la lettre calquée et celle qui ne l'est pas; mais abandonnons cet élève pour nous occuper d'un autre qui a déjà franchi tous ces exercices.

Adressons-nous à ce jeune homme qui n'avait jamais tenu une plume avant de suivre ma méthode.

Pour éviter toute mauvaise habitude, et pour que l'élève écrive bien et sans hésiter, je place, sous le papier ordinaire sur lequel il va écrire, un transparent où sont indiquées par des lignes la hauteur et la pente des lettres, de manière qu'il n'ait qu'à reproduire avec exactitude leur forme et leurs liaisons entre elles. Ce transparent facilite le développement de l'habitude acquise au moyen du calque, en atténuant les difficultés que l'on éprouve quand on fait une chose pour la première fois, et il préserve l'élève d'une hésitation toujours nuisible. Les lignes de pente sont, dans le commencement, rapprochées de telle sorte, qu'il s'en trouve presque toujours une par chaque lettre; aussi chacune de ces lettres semble venir d'elle-même prendre sous la plume la place qui lui convient. Il continuera ainsi jusqu'à ce que je m'aperçoive qu'il reproduit son modèle avec beaucoup de liberté; alors je lui donnerai un autre transparent où les lignes de pente sont assez écartées pour qu'il puisse s'exercer dans les intervalles au tracé des caractères. Je suis certain que les lignes qu'il rencontrera serviront à le ramener à la bonne direction, s'il s'en est écarté; mais il exécutera si bien et si librement, qu'on sera tenté de regarder cette précaution comme inutile.

Je ferai disparaître successivement ces lignes dans de nouveaux transparents, et partie par partie, jusqu'à ce qu'il soit amené à marcher progressivement, sans autre guide que l'habitude, qui n'est elle-même que le résultat des difficultés vaincues.

Mais c'est en examinant les élèves abandonnés à leur propre force, que vous serez entièrement fixé sur ce qu'on peut espérer de la mise en œuvre de ma méthode. Parmi ces élèves, je recommande particulièrement à votre attention le travail de M. Lips, sergent au 40e de ligne, et attaché à l'école régimentaire. Il a déployé, pour se perfectionner, un zèle auquel il doit d'être aujourd'hui un maître intelligent, qui deviendra précieux si on l'emploie dans l'armée pour la propagation de ma méthode.

Je termine ici mes démonstrations, car je pense que de nouvelles seraient tout à fait inutiles; celles-ci ont suffi, je crois, à votre conviction; toutefois je vous demanderai si vos observations ne vous ont pas éclairé sur un fait qui domine tous les autres.

— Effectivement, répliqua le professeur, j'ai remarqué un résultat auquel, dans le premier moment, je ne pouvais pas croire, mais que je vois se reproduire d'une manière uniforme chez tous vos élèves : c'est qu'aussitôt qu'ils ont retrouvé le dessin des caractères, ils les exécutent d'eux-mêmes beaucoup mieux que lorsqu'ils les calquaient. Cela seul fait de votre méthode un art devenu positif, car nul ne s'avisera de contester la possibilité de calquer un modèle. Sans me fixer à l'instant sur le parti qu'on peut tirer du fait que je viens de signaler, je le considère comme étant d'une telle importance que, selon moi, il suffirait à placer votre méthode au-dessus de toutes les autres, quand même les objections que je vous ai faites subsisteraient.

— Je vous remercie, monsieur, de la justice que vous voulez bien me rendre, mais permettez-moi de ne pas accepter cette demi-concession; il faut de toute nécessité que je réponde d'une manière précise et péremptoire aux questions que vous avez soulevées, et à toutes les objections qui m'avaient déjà été faites depuis longtemps. Celle par exemple relative à la dépense que l'adoption de ma méthode peut occasionner, a été pour moi l'objet des réflexions les plus graves, puisque je considérais la question du bon marché comme une question vitale ; mais je pense l'avoir si complétement résolue que, sans parler de la plus précieuse des économies, celle du temps, dont vous n'avez pas parlé, ma méthode, dans son application, réduira au quart les dépenses nécessitées pour apprendre fort mal avec les moyens pratiqués jusqu'à ce jour. Ensuite, comme le plus persuasif des raisonnements est l'éloquence des faits, non-seulement je traiterai à très-bon marché pour les grandes réunions d'élèves, mais j'ajouterai encore, pour dernière garantie, que je suis décidé à ne jamais recevoir d'honoraires pour prix de mon enseignement ; que lorsque le succès sera complet, de l'aveu des élèves ou de leurs parents.

Quant à votre objection sur la difficulté de mettre de l'accord entre ce que j'établis sur les effets de l'habitude et ma prétention de faire perdre facilement une longue habitude d'une écriture informe, elle me prouve que vous avez été un moment distrait, car je croyais avoir exprimé le contraire, en vous disant *qu'il est plus facile de faire contracter une bonne habitude que d'en faire perdre une mauvaise.* Or, je n'ai pas eu la pensée de faire perdre *de suite* une habitude ; je ne tente jamais l'impossible ; mais je me suis appliqué à donner une autre habitude, en ayant soin qu'elle fût bonne et en recommandant de ne jamais user de la mauvaise. C'est le seul et l'infaillible moyen de perdre cette dernière avec le temps. Je dois vous dire que ce procédé m'a toujours réussi et que je m'en tiendrai à celui-là. Au surplus, j'ai à vous faire une dernière démonstration pratique qui achèvera de résoudre cette question : prenons encore M. Lips ; il va écrire avec la même facilité quatre ou cinq genres d'écriture, toutes apprises par ma méthode, et il va le faire sans qu'un genre ne nuise à un autre, parce que chaque genre d'écriture a des principes particuliers qui lui sont propres, et qui ne peuvent convenir qu'à ce genre. Il est certain que la mauvaise écriture que M. Lips possédait n'était point exécutée par des procédés semblables aux miens ; il ne peut donc les confondre. Il n'y a effectivement confusion que lorsqu'il y a désordre ; or, tout est ordre dans ma méthode, et l'on fait avec connaissance de cause tout ce que l'on a l'intention de faire.

Je dois ajouter que cette difficulté, celle de triompher d'une mauvaise habitude, se présente encore tous les jours d'une manière qui m'aurait fort embarrassé autrefois ; je veux vous parler de cette classe de jeunes gens qui, par état, sont forcés d'écrire tous les jours, sans pouvoir prendre le temps nécessaire pour améliorer leur écriture. Voilà de toutes les difficultés celle qui a résisté le plus longtemps à mes procédés ; cependant il était très-important de la lever, car cette classe de jeunes gens est fort nombreuse ; elle comprend particulièrement les clercs de notaires, d'avoués, et surtout les clercs d'huissiers, qui écrivent, la plupart du temps, en caractères indéchiffrables, qu'ils semblent comme à plaisir chercher à mettre d'accord avec l'agrément de leur rédaction.

Je passe à la dernière de vos objections, à celle qui a rapport à la ressemblance des écritures. Sans discuter le plus ou le moins d'inconvénients attachés à cette ressemblance, je répondrai seulement qu'en faisant cette objection, vous ne vous êtes pas entièrement rendu compte de l'ensemble de mes démonstrations et des propriétés de mon appareil, car vous auriez reconnu, abstraction faite de la régularité, commune à tous les genres d'écriture qu'on apprend par son usage, que l'on obtient autant de variétés qu'il y a de degrés d'inclinaison à faire parcourir au conducteur mobile de l'appareil. Soit dix élèves : on peut apprendre en même temps à chacun d'eux une écriture différente. Tout ce que je pourrais ajouter serait superflu.

Quand j'ai parlé de l'effet qui résulte de l'habitude de calquer un modèle, je n'ai pas voulu dire qu'en calquant bien, à force d'attention, ou même en calquant deux ou trois jours, on obtiendrait de suite une belle écriture; l'habitude ne peut provenir que d'un travail plus ou moins long, suivant que l'élève est plus ou moins assidu; c'est ce que j'ai voulu faire comprendre, quand j'ai parlé *des difficultés vaincues.* Avec ma méthode toute certitude de succès est acquise au travail, et aucune excuse n'est laissée à la paresse.

Mes élèves, avez-vous remarqué encore, écrivent beaucoup mieux qu'ils ne calquent; ce résultat, tout extraordinaire qu'il puisse paraître, est cependant tout naturel, et le maître doit l'exiger.

Quant aux professeurs, quelles que soient les langues qu'ils enseignent, ils peuvent, avec ma méthode, apprendre à leurs élèves l'écriture de chacune d'elles, et plus ou moins promptement, suivant que les caractères sont plus ou moins basés sur le parallélisme (1).

(1) J'ai fait graver, en dehors de ma méthode, qui comprend l'anglaise, la bâtarde, la coulée, la ronde, l'américaine et la gothique, des modèles des écritures suivantes : écriture tremblée; majuscules entrelacées, simples et fleuronnées; modèles de chiffres; gothique anglaise, gothique allemande; alphabets majeur et mineur de romain perpendiculaire, de romain penché, d'italique; majuscules et minuscules d'italique anglaise; chiffres romains, chiffres arabes, droits et penchés; majuscules et mi-

Je termine, monsieur, par quelques explications qui se rattachent au plan de ma méthode.

Vous connaissez, sans aucun doute, ces tableaux d'écriture que des maîtres exposent aux yeux du public, dans le but de donner une haute idée de leur talent et d'attirer des élèves, séduits par l'espoir d'écrire promptement aussi bien que les auteurs de ces tableaux, et cela, selon les promesses qui leur sont faites, après quelques leçons et sans travail. Il est cependant bien positif que ceux qui exposent ces modèles ne parviendraient pas, même en y consacrant toute leur vie, à les produire par les procédés ordinaires ; la gravure et la lithographie ne pourraient elles-mêmes les rendre d'une manière aussi parfaite. Ce travail n'est pas seulement curieux, mais il est utile à connaître pour les personnes qui ont des titres ou têtes d'états à composer, pour les ingénieurs et les architectes, les teneurs de livres et pour tous ceux enfin qui ne peuvent faire par la voie ordinaire une écriture qui réponde à l'importance du sujet, ou qui

nuscules de romain en relief ombrées ; majuscules fleuronnées en relief ; majuscules en relief ombrées ; majuscules noires ; capitales, majuscules et minuscules de romain de fantaisie ; alphabet de lettres tournenres ; écriture italienne ; écriture d'église, majuscules ornées d'écriture d'église ; caractères de typographie allemande, écriture allemande ; caractères de typographie russe ; majuscules et minuscules d'italique et de romain penchées, russes, écriture et chiffres russes ; caractères d'impression de grec ancien et moderne, écriture grecque ; alphabet et chiffres des caractères d'écriture et d'impression communs aux langues turque, persane, arabe et indoustane ; alphabets hébreux, rabbiniques, syriaques, indiens ou sanscrits, arméniens, thibétains, phéniciens, éthiopiens, coptes, sclavons, romains gothiques, mandchoux, chinois.

craignent, en y essayant, d'endommager leur ouvrage. Ces considérations et le devoir que je me suis imposé de traiter tout ce qui concerne l'écriture m'ont engagé à dévoiler le secret de ce genre de travail. On trouvera dans ma méthode, non-seulement des modèles, mais les moyens très-explicitement développés d'exécuter avec perfection ces élégants caractères.

Une autre application de ma méthode est à la portée des élèves graveurs en lettres ou cachets, et des écrivains lithographes qui ont besoin d'apprendre à écrire et à dessiner tous les genres d'écriture. C'est un fort long apprentissage par les procédés ordinaires, mais il est rendu facile par ma méthode, puisque les modèles, imprimés sur papier végétal, se présentent à l'envers de ce papier dans le sens où on les écrit sur la planche ou sur la pierre ; les élèves peuvent les calquer, comme les modèles ordinaires, et réduire de la sorte à quelques mois leurs années d'apprentissage.

Les personnes qui, par affection nerveuse, ou par suite d'un travail journalier, ont la main tremblante, ne peuvent, par les méthodes d'écriture *à main posée*, apprendre à écrire que très-imparfaitement ; la pratique de ma méthode atténuera les difficultés qu'elles éprouvent, puisque ces difficultés disparaissent presque entièrement lorsque l'on écrit *à main levée* et rapidement.

Ce que j'ai dit des effets de l'habitude sur nos facultés physiques, quand elles sont exercées d'une

manière uniforme , est tellement vrai , que la main
gauche, soumise aux mêmes exercices que la droite,
contracte, en peu de jours, l'habitude de bien former
les caractères. Le seul obstacle qui retarde un peu
ses progrès vient de la demi-paralysie à laquelle on
condamne la main gauche, anomalie que tout le
monde blâme, que tout le monde adopte, et qui ne
cesse de se propager parce que... en vérité je serais
fort embarrassé de le dire ! Mes élèves apprendront,
s'ils le veulent, à écrire des deux mains ; il est même
bon de remarquer que l'écriture usuelle, penchée de
droite à gauche, est produite ainsi beaucoup plus facilement, car l'élève étant placé en face de la table,
son bras gauche se trouve naturellement dans la position en rapport avec la pente des caractères. On
comprend combien cette nouvelle habitude peut devenir utile aux ouvriers, dont la main droite est ap-
pesantie et rendue, pour ainsi dire, impropre au travail de la plume, par la rudesse du labeur qu'elle
exécute souvent presque seule.

Si j'avais pu douter un instant qu'une habitude
mécanique toute locale fût la seule cause d'une
bonne écriture, l'expérience suivante aurait levé
tous mes doutes. J'ai voulu faire, avec la main
gauche, les mêmes exercices que faisait, de la main
droite, un enfant de dix ans à sa première leçon :
l'art que je possède si bien dans la main droite a
eu si peu d'influence sur mes facultés intellectuelles,
que l'enfant a commencé par écrire mieux que moi
et s'est maintenu dans sa supériorité. J'ai attribué ce

résultat à l'avantage qu'il avait sur moi par la sou-
plesse de ses organes ; je ne pouvais en effet considérer entièrement mon manque de facilité comme
une suite de la demi-paralysie de mon bras gauche,
puisque ma progression vers le mieux faire était égale
à celle de l'enfant. L'auteur qui a perdu son temps à
ériger une méthode analytique d'écriture où il dé-
compose les caractères pour que l'enfant les rai-
sonne et fasse coopérer son entendement à leur reproduction, déchirerait son livre , s'il était témoin
d'un pareil fait.

On peut donc affirmer qu'un art dont l'exécution
est le résultat rigoureux d'une habitude physique
toute locale, doit être régi par un code mécanique
régulier, tout à fait en rapport avec cet art ; autrement l'habitude se contractera difficilement et toujours mal. C'est ce qui est arrivé jusqu'à présent. »

J'ose espérer que la critique me fera l'honneur de s'occuper de ma méthode ; elle a, dès son début, acquis assez d'importance, et elle touche d'assez près à l'intérêt national, pour fixer les regards des hommes qui se dévouent à la cause du progrès. Je ne défie pas cette critique, je l'attends, comme le plus sûr moyen de perfectionner mon œuvre et de la compléter, s'il m'est échappé quelque chose. J'espère encore qu'elle sera sans passion, parce que je crois avoir acquis des titres à son impartialité par la persévérance que j'ai mise à poursuivre un but difficile à atteindre et vers lequel rien de ce qu'on avait fait avant moi ne pouvait me guider ; elle sera sans aigreur, car, si elle est inspirée par de louables intentions, elle doit chercher à éclairer les esprits et non à les troubler.

Mes procédés sont si complétement dévoilés, si franchement soumis au jugement et à la discussion, qu'il est, je pense, impossible de révoquer en doute ma bonne foi et la conviction que j'ai de la bonté de mon œuvre. Celui qui, après avoir lu cet *Exposé*, achètera ma méthode ou prendra des leçons dont les résultats offrent en première ligne la garantie du succès, aura donc une parfaite connaissance de cause et pourra se livrer au travail avec le courage qu'inspire toujours la certitude de réussir.

Enfin, comme il ne suffisait pas, pour assurer le triomphe de la vérité, de présenter quelques faits isolés qu'on aurait pu préparer d'avance, j'ai fait édifier un vaste établissement où plusieurs salles sont ouvertes, toute la journée, aux élèves des deux sexes. Des maîtres, formés par ma méthode, leur donnent des leçons gratuites; on peut les voir à l'œuvre, les suivre dans leurs progrès quotidiens, les soumettre aux épreuves que l'on jugera convaincantes. La critique qui serait dictée par la malveillance et qui fonderait ses attaques sur quelques propositions qu'elle croirait hasardées, devra, en présence du succès de mes élèves, rendre justice à mes procédés, sinon il lui faudra nier l'évidence. Alors je répondrai simplement à son auteur : — Vous avez écrit votre critique de la main droite, et probablement assez mal; eh bien, suivez ma méthode, et, dans six semaines, vous serez à même de l'écrire beaucoup mieux de la main gauche.

PIÈCES JUSTIFICATIVES.

M. Dedé, professeur de calligraphie, arrivé, depuis peu de mois, à Bourbon-Vendée, a bien voulu se charger de donner des leçons gratuites d'écriture à plusieurs militaires du 10ᵉ régiment.

L'écriture primitive de ces militaires avait été presque illisible; mais, en moins de deux mois, ils firent les progrès les plus remarquables. Leur écriture actuelle est d'une beauté, d'une netteté et d'une précision vraiment admirables.

Ces beaux résultats sont nécessairement dus à l'excellence de la méthode de M. Dedé, à laquelle les mains les plus rebelles ne résistent pas; mais ils le sont encore à son zèle et à son caractère bienveillant pour ses élèves, qui tous professent pour lui une profonde reconnaissance et beaucoup d'attachement.

Ce témoignage est un acte de justice dont je crois être redevable envers M. Dedé; mais il m'est inspiré également par la conviction où je suis que l'enseignement de sa méthode serait un bienfait pour les élèves des colléges et des écoles normales.

Bourbon-Vendée, le 26 juillet 1859.

Le colonel du 10ᵉ régiment d'infanterie de ligne,

NEUMAYER.

Le colonel commandant le 14ᵉ régiment de ligne, inspiré par un sentiment de reconnaissance pour les soins gratuits que M. Dedé a bien voulu donner à six jeunes militaires, éprouve le besoin d'exprimer à cet habile professeur toute sa satisfaction et de lui donner un témoignage écrit des résultats obtenus, en trente-six leçons, par l'excellence de sa méthode, résultats d'autant plus remarquables que ces élèves n'étaient pas tous doués d'une égale intelligence, et que, cependant, ce peu de temps a suffi pour donner au plus rebelle d'entre eux une écriture nette et bien formée.

Les principes de M. Dedé paraissent susceptibles d'être appliqués avec beaucoup de succès aux écoles mutuelles, et le colonel soussigné se propose d'en faire l'essai dans son régiment.

Bourbon-Vendée, le 17 septembre 1840.

Le colonel du 14ᵉ de ligne,

POINSIGNON.

A M. DEDÉ.

Monsieur,

Vous avez bien voulu me lire l'*Exposé* de votre méthode d'écriture et me rendre témoin des succès, presque incroyables, que vous obtenez par l'application de vos principes. Je suis maintenant convaincu que l'œuvre dont vous avez posé la base sur des résultats si merveilleux à la fois et si positifs est véritablement belle et nationale. Persévérez dans la tâche que vous vous êtes imposée de rechercher et de mettre au jour tous les moyens propres à simplifier l'enseignement de la jeunesse; le courage et le rare désintéressement avec lesquels vous vous êtes dévoué au triomphe du vrai et de l'utile auront leur récompense, et vous aiderez, je l'espère, à prouver qu'il y a encore de nobles cœurs et de nobles intelligences qui trouvent des inspirations en dehors de la spéculation et du charlatanisme.

Je suis heureux, monsieur, de joindre ce témoignage écrit de ma satisfaction et de ma sympathie aux témoignages honorables qui ont déjà concouru et qui vont concourir à la propagation de votre méthode.

Paris, le 1er décembre 1844.

CAMILLE BERRU,
Homme de lettres.

Mon intention était d'abord de consigner ici les attestations de tous les élèves que j'ai formés; mais j'ai songé que le cours pratique que j'ai ouvert, et dont les résultats sont soumis aux regards et à l'appréciation du public, rendait ces témoignages tout à fait inutiles.

OUVRAGES DE M. ....

SOUS-PRESSE :

MÉTHODE D'ÉCRITURE.

Application des principes développés dans l'*Exposé* et réduits à de pures données pratiques, propre à être mise dans les mains de la mère de famille qui veut apprendre à écrire à ses enfants, et dans celles de toute personne voulant perfectionner son écriture sans maître.

EXPOSÉ D'UNE MÉTHODE DE LECTURE

Dans laquelle l'auteur fait disparaître tous les obstacles qui avaient fait dire à Rollin que celui qui savait lire possédait le plus difficile de son art. Ces obstacles n'avaient qu'une seule cause : le manque de signes pour représenter les conventions aux yeux de l'élève. S'il suffit de celui-ci cependant pour condamner une pareille bizarrerie, il suffit également de voir mises en pratique de cette nouvelle méthode, où l'alphabet graphique est enfin d'accord avec l'alphabet phonique, sans que cet accord jette la moindre confusion dans les signes d'orthographe, d'étymologie et de dérivation, pour se convaincre que l'auteur a réellement son système : faire disparaître les difficultés premières.

POUR PARAITRE INCESSAMMENT :

MÉTHODE DE LECTURE.

Cette méthode est divisée en deux parties qui se vendront séparément. La première, spécialement destinée aux commençants, contient la mise en pratique des principes qui ont rapport au mécanisme de la lecture ; la seconde, à l'usage des personnes qui n'ont appris à lire qu'imparfaitement, traite de l'ensemble de la prononciation et des règles de diction relatives au débit oratoire. A l'appui de sa théorie, l'auteur a ouvert un cours de lecture où tout le monde pourra se convaincre des bons résultats de ses procédés.

MÉTHODE DE DESSIN.

Appendice aux excellents principes développés dans la méthode de M. Alexandre Dupuis.

PARIS. — IMP. LACRAMPE ET COMP., RUE ...